Licht in dunklen Stunden

Licht in dunklen Stunden

Gedichte

von

Jürgen Ambros

Bibliografische Information der Deutschen Nationalbibliothek: Die Deutsche Nationalbibliothek verzeichnet diese Publikation in der Deutschen Nationalbibliografie; detaillierte bibliografische Daten sind im Internet über dnb.dnb.de abrufbar.

Verlag: BoD · Books on Demand GmbH,
In de Tarpen 42, 22848 Norderstedt

Druck: Libri Plureos GmbH,
Friedensallee 273, 22763 Hamburg

ISBN: 978-3-7597-5285-7

Vorwort

In der Traumstadt wächst
auf einem Baum
jede Nacht
ein frisch geträumter Traum.

Alle diese Träume
sind Produkte
eines Geistes,
den es nächtens juckte,
sitzend, stehend,
oder auf den Knien:
Herr zu werden
seiner Phantasien.

Die geträumten Bilder
sind nicht kurz und bündig,
keinesfalls verwerflich
oder sündig,
denn sie steigen auf
aus tiefen Gründen,
die sich hinter
der Bewusstseinswelt befinden
und geboren werden
aus der Sehnsucht
jenes Geistes,
der sich selbst
erkennen möchte,
heißt es.

(für Peter Paul Althaus)

Licht in
dunklen Stunden

Adventsgedanken

Am 1. Dezember wird von uns erwartet,
dass jetzt etwas ziemlich
Erfreuliches startet.

Wer es noch nicht kennt:
Man nennt es Advent
und bringt in die Dunkelheit
wärmendes Licht.

Ein Vorgang, der Hoffnung
und Heilung verspricht.

Sobald wir uns
mit dieser Hoffnung verbinden,
entbindet sie uns
von begangenen Sünden
des schwindenden Jahres.

Wir denken: "Das war es!"
und sind nun,

von allen Bedenken befreit,

ab Neujahr
zu neuen Schandtaten bereit.

Erster Advent

Was sind denn das für Scherze?
Warum brennt da 'ne Kerze
auf diesem Kranz?

Seid ihr noch ganz dicht?

Nicht?
Wir haben Advent?
Das hab' ich verpennt.
Tut mir leid, ihr lieben Leute,
darum leuchte ich erst heute!

Zweiter Advent

Adventskalendertüren
führen
uns weiter durch die Dunkelheit,
in der ab nun zwei Lichter brennen.

So können wir vor uns erkennen:
das Licht, das wir noch nicht verstehen,
als Kraft in uns'rem Geist zu sehen.

Auch dazu dient uns der Advent:
uns dieser Dunkelheit zu stellen,
hilft uns, die Seele zu erhellen.

Dritter Advent

"Lasst mich in eurem Bund
sein die Dritte!"
So stand er vor uns
mit dieser Bitte:
ein ausgemusterter
Kerzenstumpen,
gekleidet in
runtergekommene Lumpen.

"Ich war mal ein König
und leuchtete hell,
doch im Laufe der
Jahre ist mein Fell
ausgebrannt und durch Feuer
stets dünner geworden.

Früher leuchtete ich
auch im finsteren Norden!
Für den dritten Advent
neben euch auf dem Kranz
wär' ich gerne bereit
für den vorletzten Tanz."
Wir traten zur Seite,
die EINS und die ZWEI
und gaben den Platz
für den Lichtkönig frei.

Durch Freude und Leid ging er,
so wie wir alle.
Seine Strahlen erleuchten
die winzige Halle
und zum dritten Advent
- lassen sie uns erkennen:
"Was immer auch war!
Wir werden verbrennen!

Und es ist besser,
sein Leben zu leben,
als die Kerze am Schluss
unverbrannt abzugeben!"

Vierter Advent

Die vierte Kerze bleibt verschwunden.
Der Sucher hat sie nicht gefunden.
Kein Mittel ließ er unversucht.
Fast überall hat er gesucht:
in Höhlen unten,
hoch auf Bergen,
im Friedhof zwischen leeren Särgen,
in eisig kalten Meerestiefen,
wo Meeresungeheuer schliefen.
Er mühte sich bei Tag und Nacht
und schlug so manche schwere Schlacht.

Als jede Hoffnung ihn verließ
und er sich einfach treiben ließ,
entspannt dem Schicksal hingegeben,
ohne noch etwas anzustreben,
erscheint plötzlich ein warmes Licht,
das aus der Stille zu ihm spricht:

"Die vierte Kerze ist schon hier.
Sie leuchtet allzeit über dir,
denn du bist in die Welt gestellt,
damit dein Licht die Welt erhellt."

So strahlt im nun erreichten Glanz
vollständig unser runder Kranz!

Jesus Christus - dies Gedicht

Jesus Christus
dies Gedicht,
bei Pilatus
vor Gericht.
Menschen rufen
voller Hohn:
"Du bist also
Gottes Sohn?"
Zum Erstaunen
aller Spötter
spricht er:
"Ihr seid alle Götter!
Doch ihr wisst es
jetzt noch nicht!"

Dann durchkreuzt
man das Gedicht.-

Werdende Erde

Ich bin Erde

Ich bin Erde.
Ich werde.
Ich bin
voller Sinn
bis zu meiner glühenden Mitte hin.

Durch meine schöpferisch
wirkende Kraft
bin ich das Wesen,
das Leben erschafft,
das Geschöpfe gebärt,
sie erhält und ernährt.

Eure Sehnsucht erschuf
durch mich
eure Gestalt.
So entstanden die Formen.

Nun habt ihr Gewalt
über mich und mein Leben.
Er fängt an zu beben
mein von euch
so hart geschundener Leib.
Ich bin fruchtbar und dennoch-
bin ich kein Weib.

Alle Lebewesen
entstanden durch mich,
und als Urmutter Erde
trage auch ich

euch durch dieses
Welten gebärende All.
In euren Körpern
steckt mein Metall,
mein Wasser, mein Lehm,
meine Luft, meine Welt.
Ich bin es, die euch zusammenhält.

Wenn ich einst zerfalle,
zerfällt euer Raum
wie ein nicht zu Ende
geträumter Traum.

Euer Träumen verwandelte
sich in das "Sein".
Wird dies nun,
das Ende der Traumbilder sein?

Ich lebe.
Mein Leben
macht immerfort Sinn
in dem Sternenreich,
in dem ich Schöpferin bin.

Aus Erde geboren

Mein Vater, die Sonne,
erschuf diese Welt,
vereint mit der Erde,
der es so gefällt,

uns erst zu gebären
und lange zu nähren,
bis wir nackt und bloß
zurückkehren in ihren
fruchtbaren Schoß.

The sun is my father,

my mother: the earth.

The earth and the sun

made the wonder of birth,

create wonders of bees,

and miracles of trees:

the incredible world

that the human eye sees.

Sonnenuntergang

EIN SONNENUNTERGANG.
EIN SCHAUEN.
RÖTE DER ZARTHEIT.
HORIZONT.

ÜBER DEN AUGEN:
AUGENBRAUEN.

EIN LEUCHTEN strahlt bereits GEKONNT.

VERENGUNG.
MUSKULÖS.
PUPILLEN.

VERBLENDUNG gegen meinen WILLEN.

DOCH SONNENBRILLENGLAS

gewährt

SCHUTZ

gegen

was mir widerfährt.

Der Sonne vertrauen

Ich möchte den Formkräften
Gottes vertrauen,
die unsere Welt
mit dem Sonnenlicht bauen:
durch Pflanzen, die immerzu
wachsen und blüh'n.
Die Natur wirkt für uns
durch ihr schaffendes Grün
und folgt den Gesetzen,
die vor uns bestanden,
schon lange bevor wir
ihr Wirken verstanden.
Die Sonne ist eine stets
wirkende Kraft,
die Leben vernichtet
und Leben erschafft.
Wir sehen sie, doch
wir verstehen sie nicht.

Deswegen schreibe ich
dieses Gedicht.

Ich danke der Sonne,
die Licht zu uns schickt
und Mutter Natur,
die Materie strickt
durch das leuchtende Grün
noch im winzigsten Blatt.

So füttert sie uns.
Doch wir werden nicht satt.

Sonnengebet

Die Sonne
-sie lockte das Leben hervor.

Sie wärmte die Erde,
als alles noch fror.

Sie weckte
mit Wohlwollen
Schicht unter Schicht
die formlosen Wesen
mit strahlendem Licht.

Das Licht in den Pflanzen
ernährt diese Welt.

Ohne Licht gäb' es nichts,
was das Leben erhält.

Ganz im Dunklen verborgen,
wären wir hier noch nicht.

Das Licht in uns leuchtet.
Wir alle sind Licht.

Der erste Sonnenstrahl

Als
der erste
Lichtstrahl
der Sonne
die Erde
berührte
wie ein Zeigefinger,
und die Erde
mit einem Grashalm
die Berührung
erwiderte,
wurde
das Leben
geboren.

Und die Liebe.

Die Welt entstand durch einen Knall

Die Welt entstand durch einen Knall.
Weiß jemand, wie das geht?

Die Sonne ist ein heißer Ball,
der gelb am Himmel steht.

Die Erde ist in ihrem Dreh'n
genauso kugelrund zu seh'n.

Oder ist sie 'ne Scheibe,
an der ich kleben bleibe,
wenn jemand sie nach unten dreht
und alles auf dem Kopfe steht?

Mir scheint, die Welt ist kompliziert.
Vielleicht hast du sie gut studiert,
um in ihr einen Sinn zu seh'n
und den mit mir zu teilen?

Dann will ich gerne mit dir geh'n,
um bei dir zu verweilen
und mich bemühen zu versteh'n.

Vielleicht sagst du:
„Die Welt macht Sinn!
Vom Ende bis zum Anbeginn
sind wir in ihr geborgen.

Sie wird uns stets versorgen
mit allem, was uns nötig ist!"

Ich glaub, dass das gelogen ist.

Doch ist die Lüge gut gemeint,
weil sie verhindert, dass ihr weint
und nicht in eine Wahrheit schaut,
die ihr euch nicht zu schauen traut.

Denn es gibt nochmal einen Knall
und dann verschwindet dieses All
in einem großen, schwarzen Loch.
Och!

Zufällige Welt

Wer glaubt, diese Welt
sei durch Zufall entstanden,
hat von ihrem Wesen
kein Körnchen verstanden.

Damit eine Wirklichkeit
wahr werden kann,
braucht es Pläne und den,
der sie ausführen kann.

Für die Ausführung braucht man
das, was diese Welt
auf der Erde erschafft
und im Erdreich erstellt.

Doch was ist das Etwas,
das Pläne entwarf?
Wonach richtete es
den erzeugten Bedarf?

Auf ein Ziel hin gerichtet
entstand der Planet,
der sich mühelos um
einen Feuerball dreht.

Wir sind Teil eines Planes,
der, in uns gelegt,
uns vorantreibt und so
unser Leben bewegt.

Das Licht in uns

Lichtträger

Ich trage mein Licht
unbemerkt durch das Leben,
und kein Mensch hat je
meine Strahlen geseh'n.

Ich könnte das Leuchten
auch gar nicht erklären
und denke:
vielleicht kann es
niemand versteh'n.

So leuchte ich heimlich
für euch ganz im Stillen
und bin so der Schöpfung
als Diener
zu Willen.

Lebenslicht

Solange wir
im Hellen stehen,
ist unser Leuchten
nicht zu sehen!

Der Geist schickt uns,
sein lichtes Kind,
durch eine tiefe Dunkelheit,
damit wir sehen,
was wir sind,
und diese Nacht
das Licht befreit.

Lichtgeboren

Im Schoß der Erde
regt sich Leben.
Die Sonne hat es ihr gegeben.

Es kriecht und krabbelt,
wächst
und schießt
dem Licht entgegen,
wenn es sprießt.

Am Ende lebt alles vom Licht,
denn ohne Sonne gäb's uns nicht.

Der Sonnenlogos stieg herab,
und schenkte, als er sich hingab,
uns Kraft für vielerlei Gestalten.

Die sollen wir der Welt erhalten,
sie sorgsam pflegen und vermehren,
um seine Gabe so zu ehren.

Gott ist zu uns herabgestiegen,
um Erdenschwere zu besiegen
und dann zurück ins Licht zu geh'n,
damit auch wir den Weg versteh'n.

Geformtes Licht

Den Apfel, der vom Baume fiel,
verspeiste ich mit Stumpf und Stiel.
Das Süße war geformtes Licht.
Ich weiß das. Doch ihr glaubt mir nicht.

Die Sonne formte uns're Welt.
Sie hat ihr Licht hineingestellt,
hineingepflanzt in Baum und Strauch
und landete in meinem Bauch
als sonniges Zentralgeflecht.
Die Wärme kam mir grade recht,
denn es war Winter und ich fror,
nachdem ich meinen Schal verlor.

Er fiel herab im dunklen Wald,
durch den ich lief. Mir war so kalt,
bis plötzlich Sonne in mir war.
Ganz unerwartet wunderbar
erschien das Licht ganz dicht in mir.
Es wärmt auch dich. Vertraue ihr,
der Sonne, denn seit Anbeginn
gibt sie sich an das Leben hin,

und treibt das Leben weiter fort
voran und näher an den Ort,
der Zukunft heißt und Hoffnung macht
auf unserem Weg durch diese Nacht.

Wir schreiten voran

Wir schreiten voran
in der Ewigkeit,
lange Zeit,
ohne es zu bemerken.

Es kommt einst ein Tag,
an dem wachen wir auf
und erkennen all unsere Stärken,
indem wir mehr Zeiträume
klar überschauen,
als den Alltag,
den wir hier mutig erbauen.

Dann blicken wir auf
die vergangenen Jahre
und können nun endlich
das so wunderbare
Geheimnis, das uns
in vorherigen Leben
verborgen war,
in das Bewusstsein heben.

Wir träumen die Wirklichkeit,
die wir erleben!

Doch wissen wir nichts
von dem kraftvollen Weben
mit dem unser Geist
in uns unbemerkt waltet
und unser Erleben
von innen gestaltet.

Das, was wir erleben,
oft Schicksal genannt,
liegt wirkungsvoll
in uns'rer eigenen Hand.

Noch können wir
unsere Kräfte nicht nutzen,
weil wir es nicht schaffen,
den Spiegel zu putzen,
der uns genau zeigt,
was wir innerlich sind:

des wirkenden Geistes
unsterbliches Kind.

Gefallene Engel

Gefallene Engel
bestehen aus Licht,
erschaffen das Leben
und sehen es nicht.

Das Wissen um ihre
lebendige Kraft
verloren sie
durch ihre Leidenschaft.

Herausgefallen
aus ihrer Natur,
bemerken sie nicht:

Sie träumen nur!

Sie glauben,
Gott will sie bestrafen
und erkennen nicht,
dass sie nur schlafen.

So wirken sie kraftvoll
und wissen es nicht,
denn auf sie selbst
fällt gar kein Licht.

Das Wunderbarste
wächst um sie herum.

Sie selbst
sind die Schöpfer
und wissen nicht drum.

So meinen sie,
dass ihnen all dies geschieht
durch irgendein Schicksal,
das man nur nicht sieht.

Sie selbst sind die Quelle
und wissen es nicht.
Ihr Licht bricht das Dunkel.
Das Dunkel wird Licht.

Ich bin ein Baum

Ich bin ein Baum

Ich bin ein Baum.
Ich brauche Raum.
Ich brauche Erde, brauche Licht.

Die Stadt hier ist mir viel zu dicht.

Mein Wurzelwerk verzweigt sich tief
ins Erdreich, in dem ich einst schlief.
Es weckte mich aus meinem Traum.
Ich strecke mich
zum Weltenraum,
sauge das Licht in mich hinein.
und forme Blätter, zart und fein.

Während ich mich im Wind verneige,
baue ich Äste, bilde Zweige.
Ich bin aus Geisteskraft gereift.
Wenn Luft durch meine Blätter streift,
ruht sich ein Vogel auf mir aus.
Ein Hörnchen baut in mir sein Haus.
Ich bin verwoben mit Natur,
vernetze mich in Wald und Flur
mit ihrem kreativen Geist,
der kraftvoll ist und "Leben" heißt.

Baumrindenduft

Ich reibe meine Haut
an der Rinde des Baumes,
dessen würzig duftende Blätter
schon lange zu Boden gefallen sind.

Ihr Geruch steigt
in meine Nase
und ich beginne
auf dem leuchtenden Blättermeer
zu tanzen.
Wie in einem Rausch
drehe ich mich
unter den noch am Baum
flatternden Brüdern und Schwestern.

Die Saiten meines Körpers
schwingen unter der Berührung
des Windes,
die mich vibrieren lässt.
Das grüne Moos
unter meinen Füßen gibt nach
und als ich taumelnd zu Boden stürze,
nimmt der Wald mich
in seine Flügelarme auf
durch das Krächzen
und Singen der Vögel.

Leben hinter dem Leben

Gibt es ein Leben
dort hinter dem Leben?

Lebe ich weiter
auch nach meinem Tod?

Werden mir weitere
Chancen gegeben,
so dass ich hoffen kann
trotz meiner Not?

Hoffen und Harren
hält manchen zum Narren,
doch ich würde gern
in dem Glauben verharren,
dass mein Geist verbleibt,
wenn es mich entleibt:

dieses wunderbar, herrliche,
kostbare Leben,
das mir diese Fülle
an Freude gegeben.

Sieht man die Welt von oben

Sieht man die Welt von oben,
muss man den Schöpfer loben.

Gelobt sei auch die Schöpferin,
die sich die Welt ersonnen.

Nur Schönes hatte sie im Sinn,
als sie ihr Werk begonnen.

Mit ihrem ersten "Werde!"
erschuf sie diese Erde
und trennte Finsternis vom Licht.

Sie schied vor ihrem Angesicht
das Wasser ab vom festen Land.
Dann formte sie mit starker Hand

die Kontinente, Ort für Ort,
pflanzte hier Wälder, Wiesen dort.

In diese wunderbare Welt
hat sie das Menschenkind gestellt,
damit es diese Welt bereise
und über alle Maßen preise.

Der Mensch pries aber nicht die Welt,
sondern nur all das schöne Geld,

das er für diese Welt bekam,
wenn er ihr Wertvolles entnahm.

Seit die Erbauerin entdeckte,
dass ihre Kinder unperfekte,

zerstörerische Wesen sind,
weint sie nun über dieses Kind,

weint Regen ohne Unterlass,
und macht so alle Menschen nass.

Die Menschheit wurde nass und nässer,
jedoch dadurch kein bisschen besser.

Sie wird im Tränenmeer verschwinden
und niemand kann dann davon künden,
dass Menschen fast die Welt zerstörten,
weil sie nicht auf die Göttin hörten.

Körperkraft

Gott gab mir einen Körper,
doch ich weiß nicht, wozu.

Er gab ihn mir zum Tanzen.
Doch ich will meine Ruh!

Mein Körper möchte springen
und sich im Kreise dreh'n.

Ich will vor allen Dingen
gern auf mein Sofa geh'n.

Mein Körper möchte sausen
und um die Wette rennen.

Woher hat er die Flausen?
Er scheint mich nicht zu kennen.

Gott hat mir diesen Körper
als Aufgabe geschickt.

Ich sollte von ihm lernen.
Doch ich bin eingenickt.

Bewegungslust

Manchmal in den süßen Träumen,
während einer dunklen Nacht,
tanzt mein Geist Dreivierteltakt
auf dem morschen Dach der Scheune.

Tagsüber wird mein Herz
nicht müde, daran zu denken,
wie schön es nachts gewesen ist,
fast nackt auf den
rotbraunen Ziegeln zu stehen
und mit den Füßen
den Rhythmus zu schlagen.

Eine große Freude ist dann
in meinem rosaroten Nabel
und er versucht, sich zu öffnen
wie ein neugieriges Auge,
das noch mehr sehen will
von der farbigen Schönheit
der Nacht.

Es beobachtet,
wie sich der verschwommene
graue Horizont verschiebt
und unter der aufgehenden Sonne
verschwindet.

Wie eine Schärpe wickelte sich dann
die dunkelgrüne Schlange,
die in meinem Leib aufsteigen will,
um meine Leistengegend.

Doch ich weigere mich,
ihr die Erlaubnis zu geben.

Ich stoppe den keuchenden Atem
und kralle mich mit harten Händen
am braunen Bettkasten fest.

Ich weiß, dass manche gerne fliegen.
Doch ich bin nicht mutig genug,
um den Launen des Windes zu trauen.

Durch Stürme verschreckt,
geängstigt durch Erdbeben
in meiner Seele
verweile ich lieber
in der lauen Komfortzone
Normalität,
statt mich Genüssen hinzugeben,
die verlockende Träume
mir mit farbigen Bildern
versprechen.

Vater im Himmel

Mein Vater im Himmel
sorgt sich nur um sich.
Er liest grade in einem Buch.
Deshalb hat er auch
keine Ohren für mich
und bannte mich mit einem Fluch.

Wie Kinder es ihren Vätern oft sind,
bin ich ihm nur lästig
und gar nicht sein Kind.
Durch Zufall bin ich einst entstanden.
Ich fühl mich von ihm nicht verstanden.

Damit er sich endlich
mal um mich bemüht,
vernichte ich Wälder und Meere.
Ich kann nichts dafür,
dass er (lesend) nicht sieht,
wie ich diese Erde zerstöre.

Er hat mich erschaffen
und gab mir die Waffen,
mit denen ich mache,
was immer ich will.

Ich wüte und tobe.

Die Erde hält still.

Hab ich mich am Ende
erst selber zerstört,
schaut er sicher auf,
weil er mich nicht mehr hört.

Lob des Leibes

Den rechten Fuß jetzt vor.
Die linke Hand zum Ohr.

Die rechte Hand
zum Zeitvertreib
reibt links rum
auf dem Unterleib.

Dann stampft der linke Fuß am Platz.

Der ganze Leib
macht einen Satz,
nach vorn zuerst
und dann zurück.

So finden Tanzende ihr Glück.

Sie rütteln und sie schütteln sich,
denn das ist hier erforderlich,
damit der Rhythmus schließlich stimmt,
sie packt und in die Mangel nimmt.

Dann atmen sie,
erst ein, dann aus,
und gehen
froh gestimmt
nach Haus.

Von Gott behütet

Ich fühle mich
von Gott bewacht.

Verdammt sei,
wer darüber lacht!

Ich fühle mich
von Gott beschützt
und hoffe,
dass mir das was nützt.

Ich fühle mich
vom Herrn behütet
obwohl ihm
keiner das vergütet.

Gott hält mich fest in seiner Hand.
Sein Atem haucht mir Leben ein.

"Drück nicht zu sehr!"
ruft mein Verstand.
Wenn doch,
werd' ich ein Engelein.

Die ungezählten Federn

Den Leib Gottes.
Wir alle bedecken ihn
wie eine Daunenjacke.
Wir sind die ungezählten Federn,
die ihn wärmen.
Weich schmiegen wir uns an.
An seinen Leib.
Ragt mal ein Federkiel
zu weit hinaus,
fühlt Gott sich angekratzt
und rupft ihn aus.
Dann schwebt die leichte Feder
eine Weile durch die Luft
und landet auf dem harten Boden.
Mit seinen großen, nackten Füßen
stampft Gott sie wieder in die Erde,
damit sie wieder Erde werde.
Wie Asche --> Asche,
Staub zu Staub,
muss auch die Feder,
mit Verlaub,
dahin, woher sie einst gekommen.
(Das gilt vor allem für die Frommen,
die auch nicht in den Himmel kommen!)

Die Stimme Gottes

Als seine Stimme
mich fordernd rief,
stellte ich meine Ohren taub.

Durch die Kopfhörer
meines Smartphones
suchten seine Worte
trotzdem
einen Weg
in mein verwirrtes Gehirn.

Doch die bunten Bilder
auf dem Display
strahlten mir Glücksbringer
hinter die Stirn.

Die Glücksbringer
wurden
zur goldenen Kette
und ich
eine willige Marionette,
die, fest an die
materielle Welt
gekettet,
jetzt nicht mehr will,
dass man sie rettet.

Seine flüsternde Stimme
will, dass ich sie höre.

Doch ich hatte
mich abgewendet
von Gott.
Ich liebte
so sehr
meinen Alltagstrott.

Und ihm nun
erneut zu begegnen?
O Nein!
Das möchte ich nicht
und es muss auch nicht sein.

Nur kein Gewissen
ist Ruhekissen,
denn Gewissen
können gerissen sein.
Deswegen sage ich
nochmals:
"Nein!"

Das Gewissen zeigt
fordernd
auf sterbende Bäume.

Es macht sich bemerkbar
und zeigt sich
durch Träume,
wie ich sie mal hatte,
als ich noch ein Kind...
und die heute alle
vergessen sind.

Ein Nervensystem
spannt sich
kalt um die Welt,
aus Glasfasern weltweit
bereitgestellt.
Es lenkt meine Sehnsucht,
verzerrt meine Träume,
verführt mich durch
künstlich geschaffene Räume
und stiehlt mir die Seele.

Wie sehr mich das schmerzt.

Ich will mich befreien
und öffne beherzt
die von dem System
mir verschlossenen Sinne.

Die Stimme ruft leise:
"Mach hinne! Mach hinne!"

Liebeszauber

Augen
herzerwärmend schauen.

Stirnerunzeln. Augenbrauen,
die sich heben, die sich senken.

Lippen, die ein Lächeln schenken.

Naserümpfen. Zungenschnalzen.
Lippenrot. Ein zartes Balzen.

Wangen, die sich sanft erheben
und der Sehnsucht Ausdruck geben.

Blicke, die sich zärtlich streifen,
lassen Hoffnungsschimmer reifen.

Liebeszauber
keimt im Schweigen.

Man beginnt, sich zuzuneigen,
bis das Smartphone
fordernd brummt
und das Herz
frustriert verstummt.

Ich bin
der Tod

Abschied

Meine Tante ist vor einigen Jahren gestorben. Ich sehe sie noch vor mir, wie sie in dem Kühlraum der Friedhofskapelle aufgebahrt lag.

Ganz ernst sah sie aus und vollkommen friedlich, wie in tiefe Meditation versunken. Sie strahlte eine starke Präsenz aus und wirkte auf eine ganz intensive Weise mit der Erde verbunden.

Als ich dort vor ihrem Leichnam stand, wurde mein Herz berührt und ich spürte einen tiefen Schmerz, aber auch eine große Verbundenheit mit ihr. Diese tiefe Ruhe, die von ihr ausging, begleitet mich und ist ein Gefühl, dessen ich oft gewahr werde.

Ich stehe dann fest auf der Erde oder liege drei Meter tief in ihr. Nichts kann mich umhauen, denn ich weiß, dass jeder von uns dort enden wird, ob Mann, ob Frau, ob arm, ob reich, ob schwarz, ob weiß oder was immer die Gegensätze sein mögen. Der Tod macht alle gleich.

Die Präsenz des Todes vor Augen, gewinnt das Leben an Intensität und viele Probleme verlieren plötzlich ihre Größe, weil die Perspektive, aus der ich sie betrachte, sich verändert.

Meine Tante hat immer gesagt, dass sie keine Angst vor dem Tod hat - und so lag sie auch da, furchtlos, ruhig, wie von einem kraftvollen Energiefeld umgeben.

Ich wandere durch die Straßen dieser Stadt, die seit 35 Jahren meine Wahlheimat ist, und denke:

Wenn ich nicht lerne, für jeden meiner Schritte achtsam zu sein, dann habe ich vergeblich gelebt.

Wenn ich es nicht schaffe, mein Herz für diese wunderbare Welt zu öffnen, die mich umgibt, dann habe ich meine kostbare Zeit vertan.

Wenn es mir nicht gelingt, mich selbst zu lieben, dann werde ich nicht im Frieden aus dieser Welt gehen können.

Ich bin einen langen Weg gegangen. Wenn ich mich umschaue, blicke ich auf diesen Weg zurück, der mich aus der Dunkelheit herausgeführt hat in das Licht hinein.

Um mich herum ist es im Laufe dieser vielen Lebensjahre heller geworden.

Irgendwann habe ich begonnen, mich nach dem Licht zu sehnen und habe angefangen danach zu suchen. Manchmal konnte ich es finden.

Aber dann habe ich es wieder verloren.

Ich fand heraus, dass ich das Licht in mir
selber finden musste, es nähren und pflegen
sollte, damit es in mir leuchtet.
Jetzt bin ich dabei, ein Leuchtturm zu
werden.

"Exoriatur lumen quod gestavi in alvo"
"Let the light that I have carried in my
womb shine forth"
"Das Licht, das ich in meinem Leib getragen
habe, möge aufgehen."
(C.G.Jung)

Ich bin der Tod

Ich bin der Tod.
Ich komme gern
zu kleinen
und zu großen Herrn.

Tod bin ich.
Ohne mich kein Leben.
Der Tod muss Raum
für Neues geben.

Ich bin die Hoffnung
der Natur
und diene immer
der Struktur
des Lebens,
die darin besteht,
dass, was geboren wird,
vergeht.

Ich hol' euch,
da des Daseins Frist
für jeden gut bemessen ist.

Ich bin kein
schwarzer Sensenmann.
Ich heile alles!
Seht mich an!

Wer sterben muss,
fällt nicht ins Leere.
Ich trage ihn
durch diese Schwere.

Der Urgrund bin ich:
eine Kraft,
die Wesen nimmt
und neu erschafft.

Wer stirbt,
der tropft ins Meer zurück
und träumt von dort
ein neues Leben.

Mit der so frisch
erwachten Kraft
wird er ein
neues Dasein weben.

Fürchtet euch nicht.

Ich bin der Tod.
Ich leuchte
wie das Abendrot.

Sterbezimmer

In meinem Sterbezimmer
ist die Luft noch lau.
Sie steht fast still
und ich weiß ganz genau,
dass ich verlöschen werde
wie die blasse Kerze
und all das, was noch blieb,
sehr gern verschmerze.

Das Regenwasser will,
sanft röchelnd, jetzt verrinnen
und in der Tiefe meines Herzens,
dort ganz innen,
halte ich einen Rückblick
und mach Leichenschau.
Die Haut ist welk geworden
und die Haare grau.

Ich bin nicht immer
so ein alter Mann gewesen.
Das geht wohl allen so,
hab ich einmal gelesen,
weil ja für jedermann
die Zeit stets weiterschreitet.
Wie einen Plan
hab ich mein Leben ausgebreitet
und kann die Räume

alle vor mir sehen,
die ich passierte,
einfach so, beim Gehen.

Ich will nicht traurig sein,
denn so viel Glück,
kam zu mir, ging
und fand nicht mehr zurück.

Ich bin so dankbar,
dass dies alles bei mir war
und fand mein Leben einfach wunderbar.
Sogar die vielen, kummervollen,
dunklen Stunden,
halfen der kranken Seele
zu gesunden

und frei zu werden von dem alten Ich.
Es erst zu bauen, musste sicherlich
ganz wichtig sein,
um in der Welt zu leben.
Nun bin ich froh,
es wieder herzugeben.

Hingebungsvoll will ich
ins Nichts zerfließen
und niemals mehr
wird etwas mich verdrießen.

Zerfallendes Haus

Vertrocknete Spinnen,
zu viele, um sie zu zählen,
hängen hinter
den abgerissenen Tapeten.
Sie haben ihr Leben gelebt.
Der bröckelnde Gips
fällt auf den faulenden Teppich,
der sich blaugrau
über den Boden zieht.

Zerrissene Vorhänge
vermodern an verrottenden Fenstern,
an deren zersplitternden Scheiben
Regenwasser herabfließt
und am Ende des durchlöcherten Rahmens
auf den Boden tropft.

Das Geräusch der Tropfen
pulsiert mein Trommelfell,
das mit den Tropfen
zu schwingen beginnt.
Es fängt an zu flattern
wie ein Betttuch,
das im Wind auf der Leine hängt.

Ein Beben geht durch
das verfallende Haus.

Die Geister der Vergangenheit
nähern sich
zuerst auf leisen Sohlen,
doch dann
mit kraftvollen Schritten.
Ihr Stampfen weckt mich auf.

Ich SOLL erwachen.

Ihre Schritte kann ich
wie Trommelschläge
in meinen Knochen spüren.

Ich fürchte mich nicht.
Während das Haus
meines Körpers zerfällt,
schaue ich den Geistern
furchtlos in das Gesicht.

Das siebzigste Jahr

Den Körper verlassen
und ihn wieder fassen.
Sich in die geistige Welt erheben.
Zurückkehren in das irdische Leben.
Dort in mich gehen,
um zu verstehen.
Den Wechsel achtsam vorbereiten,
um dann gelassen auszuschreiten
hinein in die Weiten
des endlosen Alls.

Andernfalls
bleiben wir
mit dem Körper verbunden,
um sie zu erkunden:
die Gesetzmäßigkeiten
seines Verfalls.

So oder so
wird ein achtsames Handeln
die Seinsqualitäten
des Geistes
verwandeln.

Schuld durch Ungeduld

Wer hat dies Wunder nur ersonnen?
Ein Kokon, der, ganz zart gesponnen,
dort an dem Zweig am Baume klebt,
hat sich von ganz allein bewegt.

Ein Loch in dieser feinen Wand
berühre ich mit meiner Hand
und hauche warme Luft hinein.
Mein Atem wirkt wie Sonnenschein.

Ein Schmetterling kämpft sich hinaus.
Ich atme jetzt mehr Wärme aus
und treibe das Insekt so an,
damit es früher fliegen kann.

Die Ungeduld hat mich verleitet.
Ein Umstand, der mich oft begleitet.

Anstatt zu helfen, seh' ich nun:
Ich drängte ihn zu einem Tun
für das er noch nicht vorbereitet.
Die Flügel sind nicht ausgebreitet
und er verkümmert, weil ich Tor,
wie oft schon, die Geduld verlor.

Auf Erden gelandet

Ich bin auf der Erde gelandet,
inmitten von Menschen gestrandet,
die ohne Respekt
vor dem kostbaren All
den Weltraum zerstören.
Sie sind überall
und lassen sich auch nicht belehren,
weil sie nur den Mammon verehren.

Für sie besteht der Sinn der Welt
nur aus dem Ansammeln von Geld
und wer das meiste davon hat,
macht nicht etwa die Armen satt,
sondern er hortet es auf Banken
und investiert, um, ohne Schranken,
den immerzu wachsenden
Reichtum zu speichern
und sich durch die Not
in der Welt zu bereichern.

Nun planen sie auch noch,
den Weltraum zu plündern
und wollen tatsächlich
mit sich und den Kindern
Raketen entzünden
um so ihre Sünden
im ganzen Kosmos zu verbreiten.

Hier gilt es nun,
schnell einzuschreiten
und diese Absicht
zu verhindern.

Löschen wir
den Planeten aus
und ruhen uns
dann davon aus,
dass die Menschheit
die riesige Chance
nicht begreift

und sich selber
vernichtet,
anstatt
dass sie reift,
und sich
mit der Erde verbindet,
wie es
jede Weisheit
verkündet.

Am Ankerplatz

Ich habe Anker
in den Grund geschlagen,
damit mein kleines Schiff
sich nicht bewegt.
Ich wollte mich
in Sicherheiten wiegen
und habe
meinen Kutter lahmgelegt.

Jetzt bin ich
an dem Ankerplatz verrostet.
Ein Preis,
den eine Sicherheit wohl kostet.
Ich würde meine Anker gerne lösen
und mich vom Strom
des Wassers treiben lassen.

Vertrauensvoll
in Wind und Sonne dösen
wird sich wohl nicht
so einfach lernen lassen.
Ich würde es trotzdem
sehr gern probieren,
will mutig sein
und meine Angst verlieren.

Befreites Licht

Wenn am Ende des Lebens
die Schale zerbricht,
befreit dieser Tod
unser inneres Licht.

Der Körper: ein Ei,
aus dem wir dann schlüpfen,
um uns mit der geistigen Welt
zu verknüpfen.

Wer die Prüfung
der Schwellenhüter besteht,
betritt eine
andere Realität.

Wer sich bindet an
Hab und Gut und Geld,

fällt zurück in die
materielle Welt,
um dort weiter zu wandern.

Gemeinsam mit ander'n
lernt er, seine Flügel
ganz sanft zu entfalten,
bis die Schwingen ihn
tragen und sicher halten

bei seinem Flug
in die geistigen Weiten,
die andere Wesen vorbereiten
für die nächsten
Schritte der Evolution.

Dort warten schon
endlose Möglichkeiten.

"Der Vogel kämpft sich aus dem Ei.
Das Ei ist die Welt.
Wer geboren werden will,
muss eine Welt zerstören."

Hermann Hesse, Demian

Glaubensbekenntnis des suchenden Dichters

Der Kopf

Es war so laut in meinem Kopf!

Die Gedanken knallten wie Billardkugeln von innen gegen meinen Schädel und rollten mit donnerndem Getöse von einer Seite zur anderen.

Denken, war eine schmerzhafte Angelegenheit.

Keine Gedanken in meinem Kopf: dann wohltuende Ruhe.

Die Gedanken waren mein Feind und rissen mich aus dem Zustand einer wohligen Ganzheit heraus, in der ich mein Ich nicht mehr spüren musste.

Ich versuchte, mein Denken zu töten. Die Gedanken, die in mir waren, nahmen mir die Ruhe.

Sie stürzten mich in eine Welt, in der mein Ich sich plötzlich aufblähte und das Leben nur noch eine schmerzhafte Anspannung war.

Dass Gedanken ein Werkzeug sind, um sich besser in der Realität zurechtzufinden, verstand ich erst später.

Bis dahin versuchte ich, meine Gedanken zum Schweigen zu bringen, um inneren Frieden zu finden.

Lange Zeit zu schlafen oder mich zu betäuben, war für mich ein Mittel, um in dem

Zustand der Gedankenlosigkeit zu verharren. Heute weiß ich, dass es nicht darum geht, den Geist abzutöten oder zu betäuben.

Den Geist mit Gedanken arbeiten und spielen zu lassen, bereichert mein Erleben jetzt auf vielfache Weise.

Erst heute ist mir klar:

Ich bin nicht meine Gedanken.

Ich nehme wahr, wie meine Gedanken kommen und gehen - genauso wie mein Atem kommt und geht.

Ich halte sie nicht fest.

Ich erzeuge sie nicht absichtlich.

Ich muss mich nicht um sie bemühen.

Wenn die Gedanken zu Worten und dann zu Schrift werden, die auf das Papier fließt, kann ich sie dankbar an die Welt verschenken.

Die Mitte

Der Bauchnabel - die durchtrennte Verbindung mit dem Körper unserer Mütter. Durch ihn erhielten wir das Baumaterial, um unseren Körper zu erschaffen.

Die Väter gaben uns die eine Hälfte des Bauplans und die Mütter die andere. Der nach der Geburt versiegelte Bauchnabel machte uns klar, dass wir uns nun in der Außenwelt befinden.

Aber der Bauchnabel ist auch das Tor, um wieder nach innen zurückzukehren.

Das einzig Zuverlässige, zu dem ich immer wieder zurückkommen kann, ist die Kraft in meiner Mitte.

Die liebevolle Wärme und Klarheit, die ich empfinde, wenn ich mit diesem Zentrum verbunden bin, tut mir gut.

Früher dachte ich oft, dass dieses Gefühl von Klarheit und Harmonie von einer jenseitigen Kraft kam. Das Empfinden von Geborgenheit und liebevoller Fürsorge, das sich manchmal grundlos einstellte, schien von Jesus oder Gott zu kommen.

Heute habe ich kein Konzept mehr für diese Erfahrung, keine Erklärung. Aber ich würde sie gerne verstehen.

Ich glaube nicht, dass das Leben sinnlos
ist.

Ich glaube, dass die Evolution ein
zielstrebiger Prozess ist, der von was auch
immer geplant wurde.

Wenn ich auf diese Sichtweise ausgerichtet
bin, geht es mir gut.

Dann bin ich zentriert. Dann fühle ich die
Energiezentren in Hand- und Fußwurzeln. Dann
weiß ich, dass ich auf einem guten Weg bin.
Ich lege meine Hände auf den Bauch und muss
mir nur vorstellen, dass ich es tue, um in
Verbindung zu kommen.

Das Tor nach innen. Sicher gibt es viele
Wege dorthin, aber für mich war dieser Weg
immer der leichteste. Schon als Kind legte
ich abends meine Hände auf den Bauch und
konnte mich so in den Schlaf atmen.

Stell dir vor, deine Hände liegen auf
deinem Bauch. Spüre den Atem, wie er kommt
und geht, wie der Bauch sich weitet und
wieder schmal wird.

Stell dir vor, dein ganze Körper wird durch
deinen Atem mit Sauerstoff versorgt. Du
kannst dir vorstellen, dass die Luft durch
den Bauchnabel hinein- und wieder
herausströmt.

Um dich zu orientieren, denke dir, dass der
Bauchnabel der vorderste Punkt im Bauchraum

ist und die Lendenwirbelsäule der am
weitesten hinten liegende Bereich. Hinten
vor der Lendenwirbelsäule, nach vorne zum
Bauchnabel schauend, befindet sich das
Sonnengeflecht, der Solarplexus (das
altgriechische Wort für Sonnengeflecht).

Das Sonnengeflecht ist ein kleines Netzwerk
von Nerven, das mit Regeneration und
Entspannung zu tun hat. Stell es dir vor wie
eine kleine Sonne, die Licht und Wärme
abstrahlt.

Im Autogenen Training arbeitet man mit der
Formel : "Das Sonnengeflecht ist strömend
warm". Diese Stelle in meinem Körper hat
mich mein Leben lang mehr oder weniger
beschäftigt, war mir fern oder nah - oder
ich ihr.

Die Mitte finden. Die Mitte verlieren. Aus
dem Lot geraten. Zur Ruhe kommen. Hier war
und ist meine Quelle von Kraft und ich kann
mir nicht wirklich erklären, warum. Aber
braucht man stets eine Erklärung?

Viele Menschen haben sich mit diesem Raum
im Körper beschäftigt. Die Japaner kennen
ihn als Hara - die Erdmitte des Menschen -
und seine vollkommene Vernichtung als
Harakiri.

In der chinesischen Energielehre nennt man ihn den Punkt Tan Tien, wo das Chi, die Lebensenergie, gehalten wird.

Als Sitz des Selbst, des Unbewussten, der schöpferischen Kräfte habe ich diesen Raum erlebt, und das Getrenntsein von ihm war eine schmerzhafte Isolation.

Der Kopf mit seinen Gedanken war dann abgetrennt von der Mitte eines fußlosen Bewusstseins, das einsam in der Welt herumirrte.

Spüre selbst diesen Bereich, lenke deine Aufmerksamkeit dorthin wie den Lichtkegel einer Taschenlampe. Was wirst du dort finden?

Es gluckert in meinem Bauch. Ich habe Wasser getrunken. Mein Magen, mein Darm - sie verarbeiten das, was ich mir von außen an Nahrung zugeführt habe. Sie trennen es in das, was dem Körper nützlich ist, und das, was er nicht benötigt, um es wieder auszuscheiden.

In meinem Bauch ist es immer warm, selbst dann, wenn Hände und Füße kalt sind. Mein Bauch, mein Darm ist ein intelligentes Lebewesen mit analytischen Fähigkeiten und Heilkräften.

Beim Schreiben ist der Bauch die Quelle der Inspiration und ein unerschöpflicher Brunnen kreativer Ideen. Hör auf deinen Bauch.

Unten

  Unten beginnen.
Spüre deinen linken großen Zeh. Ertaste
seine Form mit deinem Bewusstsein. Dein
Bewusstsein ist wie der Lichtkegel einer
Taschenlampe, der an der dreidimensionalen
Innenwand deines großen Zehs entlanggleitet.
Ertaste den Zehennagel und die Zehenbeere.
Wandere so achtsam von einem Zeh zum
anderen, bis du am kleinen Zeh angekommen
bist.
Manchmal liegt deine Aufmerksamkeit mehr auf
der Haut, der Grenze zwischen dem inneren
und äußeren Raum, manchmal mehr auf den
knöchernen Bereichen, die dem Körper
Festigkeit und Struktur geben.
Doch auf den tieferen Ebenen der Wahrnehmung
bestehen auch die Knochen aus Atomen, die
sich im leeren Raum bewegen. Ganz in der
Tiefe sind wir leerer Raum, in dem Bewegung
geschieht.
Spüre deinen linken Fußballen und die linke
Ferse, mach dir die Form deines Fußes
bewusst.
Du kannst ihn bewegen, mit den Zehen
greifen, die Ferse heben und den Fußballen
andrücken, den Fußballen heben und die Ferse
andrücken, sodass es an der Rückseite des

Unterschenkels zieht.
Kippe deinen Fuß leicht auf die Innenkante, leicht auf die Außenkante. Schiebe den inneren Knöchel nach innen, den äußeren Knöchel nach außen, bewege dein Knie von links nach rechts, von rechts nach links und spüre die Bewegung in der Hüfte.
Dein Bein fühlt sich jetzt vielleicht ganz lebendig und warm an.
Spüre noch einmal die Fußsohle auf dem Boden und lenke deine Aufmerksamkeit, wie den Lichtkegel einer Taschenlampe, in das linke Fußgelenk, sodass du den inneren und äußeren Knöchel beleuchten kannst.
Innen im Bein, an den Innenwänden der Haut, wandert die Aufmerksamkeit durch den Unterschenkel aufwärts zum Knie, wo du Kniescheibe und Kniekehle mit deinem lichtvollen Bewusstsein ertasten kannst.
Weiter tastet sich der Lichtkegel durch deinen kraftvollen Oberschenkel mit den kräftigen Sehnen, die an der Beinrückseite entlangziehen, bis du im Raum deiner linken Hüfte angekommen bist.
Hier kannst du das Knie erneut nach innen und außen bewegen, um deine Hüfte deutlicher zu spüren.
Hebe die linke Ferse an und setze sie wieder ab. Fühle deine linke Hüfte, dein Becken und

die Hüfte auf der anderen Seite. Deine
Aufmerksamkeit ertastet die Sitzfläche und
deinen Po, dort, wo er die Sitzfläche
berührt. Erfahre bewusst den Abstand
zwischen der linken und rechten Hüfte.
Vergleiche ihn mit dem Abstand zwischen den
Knien und den Fußgelenken.
Sind alle Abstände gleich groß oder gibt es
Unterschiede auf den verschiedenen
Körperebenen?
Konzentriere dich dann auf die rechte Hüfte
und spüre von hier ausgehend den Innenraum
des rechten Oberschenkels, die kräftigen
Sehnen an der Rückseite, die Position von
Kniescheibe und Kniekehle.
Dein Bewusstsein wandert wie der Lichtkegel
einer Taschenlampe durch den Unterschenkel.
Du kannst dir vorstellen, wie Schienbein und
Wadenbein im Unterschenkel liegen und wo die
Fußgelenke sind, mit dem inneren und äußeren
Knöchel.
Auch diese Knochen bestehen in der Tiefe aus
Atomen, also aus leerem Raum, in dem sich
Energie bewegt.
Hebe die Ferse an, hebe den Fußballen an.
Experimentiere mit der Bewegung des Fußes
und betrachte ihre Auswirkung auf Hüfte und
Knie.
Fühle dich frei, den Impulsen deines Körpers

zu folgen. Was er dir rät zu tun, das tue –
folge der Weisheit des Lebens in dir, das
dich geschaffen hat.
Nichts ist einfach so entstanden. Alles
wurde zuerst geplant, entworfen und dann
geformt.
Der Mensch ist nicht das Ende einer langen,
evolutionären Entwicklung, sondern ein
kostbarer Teil eines großartigen Anfangs.
Fühle das Licht, die Energie in deinen
Zellen, deine lebendigen Füße, deine
kraftvollen Beine, dein lustvolles Becken.
Genieße es, lebendig zu sein, atmen zu
können, verdauen zu können, dich in der Welt
bewegen zu dürfen.
Fühle die Dankbarkeit für das fantastische
Geschenk, lebendig zu sein.
Entfalte dich deiner Bestimmung gemäß. Du
bist der Meister deines Lebens, Schöpfer und
Genießer, Verursacher und Erleber.

Das Schweigen

  Ein Samenkorn liegt still im Schoß der
Mutter Erde, nimmt Nahrung und andere
Segnungen der Natur auf, bis sich seine
Seele öffnet und in Blüten ausbricht.
Der Geist des schöpferischen Menschen,
genährt aus der Tiefe ruhender
Kontemplation, wartet geduldig auf die ihm
bestimmte Stunde des Erwachens.
Das Schweigen, die große unsichtbare Kraft,
das Wunder des Lebens, wirkt auf unseren
Charakter in gegensätzlicher Weise.
Manchmal überwältigt es uns mit seiner
drückenden Stille, und dann wieder berührt
es unser Herz wie ein Schauer erfrischender
Regentropfen an einem schwülen Sommertag.
Wie oft wirkt das Schweigen als
kräftespendendes Mittel belebend auf unseren
matten Geist. Mitunter aber wirkt es wie
eine Narkose und versetzt unsere
Lebensenergie in einen Zustand krankhaften
Schlafes.
Alle großen Kräfte der Natur üben
gegensätzliche Wirkungen aus. In der Welt
der Religion und Philosophie spielt die
Praxis des Schweigens eine wesentliche
Rolle.
Es schafft eine Atmosphäre, die dem

Suchenden Zugang zu einem inneren Heiligtum
gewährt, einer tief verborgenen Zuflucht vor
der rastlosen und unruhigen materiellen
Welt.

So oft wir schöner Musik lauschen, fühlen
wir uns gestört und abgelenkt, wenn jemand
spricht oder Lärm macht, und es mag
geschehen, dass uns die bezaubernde
Schönheit der Musik verloren geht.

Ähnlich ist es bei spirituellen Übungen:
Wenn unsere Aufmerksamkeit abgelenkt wird,
haben wir wenig oder keinen Gewinn davon.

Aus diesem Grund verteidigen viele der
großen Schulen des Denkens streng die
Forderung nach vollkommenem Schweigen vor
spirituellen Übungen.

Der technische Grund ist leicht einzusehen:
Das Schweigen hilft uns, Konzentration zu
erlangen. Seine tiefere Bedeutung jedoch
liegt in der Entfaltung unserer höheren
Natur.

Selbst heute begegnet es uns noch, dass
viele Gotteshäuser nur in strengem Schweigen
betreten werden dürfen, um die notwendige
Atmosphäre für Andacht und Gebet zu
schaffen.

Wir können niemals die Sprache der Seele
wahrnehmen, wenn unsere Ohren vom lauten
Lärm der Welt erfüllt sind.

Einer der Sufi-Mystiker bringt diese
Erfahrung sehr schön zum Ausdruck:
"Schweige still, damit der Herr, der dir die
Sprache gab, reden kann; denn da er Tor und
Schloss formte, hat er auch den Schlüssel
gemacht.
.......Ich schweige. Rede du, o Seele der
Seele aller Seelen."

Swami Paramananda:
"Die schöpferische Kraft des Schweigens"
Atharva Verlag

Die Stille

Die Stille:
ein Abgrund,
in den ich oft schaue.
Die Stille:
ein Raum,
dem ich endlos vertraue.
Die Stille:
ein Tuch,
das mich
Trost spendend wärmt.
Die Stille:
ermutigt,
wenn Angst mich verhärmt.
Die Stille:
ein Friede,
den ich in der Seele
mir heimlich
in einsamen Stunden gewebt.
Die Stille:
ist
was mich
erfrischend belebt.

Glaubensbekenntnis

- die geistige Welt nach dem irdischen Tod

- ein fröhliches WeiterErleben

- materielle Welt als eine Schule im All

- der Geist als ein Kraftfeld, das Leben gestaltet

- die Einheit von Himmel und Erde

- die Liebe als mächtigstes Werkzeug

- die Wirksamkeit der täglichen Meditation

- die Chakren als Quelle von Wissen und Kraft
- Wurzelchakra: auf der Erde sein
- Sexualchakra: das Leben genießen
- Nabelchakra: Ich in der Welt
- Herzchakra: liebevoll handeln
- Kehlchakra: die Wahrheit sprechen
- Stirnchakra: klare Gedanken denken
- Kronenchakra: im Himmel geborgen sein

Den Geist erkunden

Um unseren Geist
zu erkunden,
haben wir
viele Sprachen gefunden,
mit denen wir all das benennen,
was wir im Bewusstsein erkennen.

Die Zustände, die wir erfahren,
können, so formuliert, offenbaren,
dass ein Ich sich
unendlich oft wandelt
und der Geist
unentwegt durch uns handelt.

Wir wechseln vom Schlafen zum Wachen.
Was wir denkend und handelnd hier machen
formt den Geistesstrom und unser Leben,
dessen Zukunft wir immerzu weben.

Was uns in der Zukunft erkoren,
wird jetzt im Moment hier geboren.

Die Erde retten

Terranerinnen und Terraner!

Hier spricht
ein aufrichtiger Mahner,
der, wie wir alle, menschenrechtlich
und unabhängig von geschlechtlich
bedingten, festgelegten Normen
auf dieser Erde ward geboren.

Bis wir die Erde
ganz vernichtet,
wird keine andere gesichtet,
und darum
scheint es mir geboten,
die Möglichkeiten auszuloten,
die uns gegebene zu retten,
was dringend nötig wäre, wetten?!

Ich schlage deshalb vor,
gemeinsam,
oder auf jeden Fall
nicht einsam,
sich gegenseitig
sanft zu jucken
und dabei
in die Luft zu gucken.

Wir brauchen nur
etwas zu essen,
ein Plätzchen,
um dort zu verweilen,
und uns einander,
wie es angemessen,
Streicheleinheiten
zuzuteilen.

Wir sollten uns
ein Jahr lang still verhalten
und lassen die Natur
schalten und walten.

Sind alle satt,
zufrieden und geborgen,
wird diese Erde
weiter für uns sorgen.

Folgt meinem Rat
und gebt total entspannt
dem Nachbarn und der Nachbarin die Hand,
und krault euch
gegenseitig zum Entzücken
des Nächsten und der Nächstigen
den Rücken.

Geschenkte Nacht

Die Sonne
schenkte uns die Nacht,
damit der Körper Pause macht
und neue Nervenbahnen baut,
von dem,
was wir am Tag geschaut.

Wenn man des morgens
frisch erwacht,
spürt man,
dass man es richtig macht.

Hat man auch nachts
das Smartphone an,
hindert man das Gehirn daran,
das neu Gelernte abzuspeichern,
um das Gedächtnis zu bereichern,
weil wir
nichts Neues lernen können,
wenn wir uns
keine Pausen gönnen!

Unsichtbarer Geist

Der Geist ist hinter Zeit und Raum
fast unsichtbar.
Man sieht ihn kaum.

Uns wird zeitweise zugemutet,
nur die begrenzte Welt zu sehen,
damit sie uns nicht überflutet
mit Reizen, die wir nicht verstehen.

Durch fein geformte Sinnestore
filtert das strukturierte Hirn
die unbegreiflich weite Welt
und baut ein Bild hinter der Stirn,
das wir für realistisch halten.

Der Rest wird von uns ferngehalten,
damit wir in Begrenzung reifen
wie Diamanten, die durch Schleifen
erst ihre volle Kraft entfalten.

Träume werden Wirklichkeit

Manchmal purzeln die Gedanken
über Wurzeln im Gehirn.

Wurzeln wachsen hinter Schranken
meiner hohen Dichterstirn.

Wachsen dort als materielle
Formen, die an jeder Stelle
des Gehirns entstehen müssen,
weil mein Denken und mein Wissen
dort zur Formentstehung führt.

Wenn das Hirn Gedanken spürt
formt es Wurzeln, die sodann
(was der Forscher sehen kann)
mich verankern in der Welt,
die mich auch mit Wurzeln hält.

Was die Welt und ich probieren:
Träume zu materialisieren!

Die Innenwelt der Außenwelt

Ich steige hinab in die Welt, die sich in meinem Inneren befindet. Sie ist immer da, auch wenn meine Augen geöffnet sind und ich mit den Angelegenheiten der äußeren Welt beschäftigt bin.
Aber wenn ich die Augen schließe und meinen Geist auf den inneren Raum ausrichte, bin ich sofort mit dieser umfassenderen Wirklichkeit verbunden.
Ich glaube sogar, dass der äußere Raum aus dem inneren Raum heraus entstanden ist und dass der innere Raum den äußeren Raum immerzu erschafft.
Der innere Raum ist vielleicht die Kraft, die die australischen Ureinwohner Traumzeit genannt haben.
Aber ich weiß nicht genug über ihre Mythen und Gedanken, um das beurteilen zu können.
Was ich erlebe, ist der innere Raum und nicht das theoretische Konzept.
Ganz nach innen zu gehen, erfordert sehr viel Mut, weil man in dem konzeptlosen Raum schnell die Orientierung verliert, wenn man sich dort so wie in der äußeren Welt bewegen will.

Carlos Castaneda beschreibt diese Polarität als Tonal und Nagual, zwischen denen wir hin

und her pendeln.
Es gibt keinen Tod!

   Der Körper stirbt, aber der Geist mit allen
Inhalten seines Bewusstseinsstroms wird
vorübergehend formlos, bis er eine neue
Gestalt angenommen hat.

Der eigene Weg

Sie wussten den Weg
– und gingen dich suchen,
die enge Gasse entlang,
aber ich wanderte feldein
in die Nacht,
denn ich war unwissend.
Ich war nicht erfahren genug,
um dich im Dunklen zu fürchten,
darum kam ich unversehens
an deine Schwelle.

Die Weisen schalten mich
und hießen mich wieder gehen,
denn ich war nicht
durch die enge Gasse gekommen.

Ich wandte mich zögernd ab,
aber du hieltest mich fest,
und ihr Schelten ward lauter
mit jedem Tag.

Der Schmerz war groß,
als die Saiten gestimmt wurden,
mein Meister,
heb an deine Musik
und lass mich den Schmerz vergessen,
lass mich in Schönheit fühlen,

was du im Sinn hattest
in jenen erbarmungslosen Tagen.

Die schwindende Nacht
säumt an meiner Tür,
lass sie scheiden mit Liedern.

Gieße dein Herz
in meines Lebens Saiten,
mein Meister,
in Tönen, die niederschweben
von deinen Sternen.

Rabindranath Tagore

Inhaltsverzeichnis